Dieses Buch gehört

Liebe Eltern,

wir wollen Ihr Kind beim Lesenlernen unterstützen, und zwar mit Geschichten, die Spaß machen.

Unsere Bücher mit dem liebenswerten Leselöwen begleiten Ihr Kind durch die 1. Klasse. Sie enthalten eine spannende Geschichte mit einfachen Sätzen und gut lesbarer Schrift. Viele bunte Bilder sorgen für Lesepausen und helfen, die Geschichte zu verstehen. Mit den Aufgaben zum Text kann Ihr Kind selbst prüfen, ob es den Text richtig verstanden hat. Zu den markierten Wörtern warten am Ende des Buches spannende Fakten und in unserem Onlineportal finden Sie viele weitere Extras!

So wird Ihr Sohn oder Ihre Tochter zum echten Leselöwen!

Ihr

Leselöwe!

Jetzt geht es

los!

Katja Reider

Die große Ballett-Aufführung

Illustriert von Florentine Prechtel

www.leseloewen.de

ISBN 978-3-7432-0295-5
1. Auflage 2019
© 2019 Loewe Verlag GmbH, Bindlach
Umschlag- und Innenillustrationen: Florentine Prechtel
Umschlaggestaltung: Michael Dietrich
Vignetten Leselöwe: Angelika Stubner
Printed in the EU

www.loewe-verlag.de

Inhalt

In der Ballettstunde 8

Eine tolle Überraschung 18

Linas großer Auftritt 28

In der Ballettstunde

Lina ist ja so stolz:

Sie lernt jetzt Ballett

in einer richtigen Ballettschule.

Mit Trikot und **Schläppchen**
sieht sie wie eine Tänzerin aus.

Oje, Lina hat
ihr Haarband vergessen!
Zum Glück hat Emmi zwei.

Beim Ballett darf
keine Locke stören.
So, fertig!
Jetzt kann es losgehen.

Die Ballettlehrerin ist nett.

Wie anmutig sie sich bewegt!

Ob Lina das auch lernen kann?

Bestimmt.

Zuerst wärmen

sich die Mädchen auf.

Sie bewegen Hände und Füße,

dehnen Arme und Beine.

„Achtet auf eure Haltung!",
sagt Nicola, die Ballettlehrerin.
„Der Rücken sollte gerade sein.
Und der Kopf hocherhoben.

Stellt euch vor, ihr tragt
eine wackelige Krone!"
Puh, gar nicht so einfach …

Danach üben die Mädchen

vier **Grundpositionen**.

Lina kommt durcheinander.

Egal, das wird schon.

Das Tanzen macht Spaß!
Im Spiegel sieht sie schon fast
wie eine kleine **Ballerina** aus.
Und wenn sie zu Hause übt …

Eine tolle Überraschung

Am Ende der Stunde gibt es eine
große Überraschung:
„Wir machen eine Aufführung!",
verkündet Nicola lächelnd.

„Wirklich?" – „Toll!" – „Wann?"

Alle rufen durcheinander.

Lina und Emmi schauen sich an.

Ob sie auch dabei sein dürfen?

Na klar!

„Wir tanzen ‚Die Puppenfee'",

erklärt die Ballettlehrerin.

„Und jede bekommt eine Rolle!"

Linas Herz schlägt Purzelbäume.

Sie wird auf der Bühne stehen!

Wie eine richtige Ballerina.

Wahnsinn!

Jetzt will Lina natürlich alles
über ‚Die Puppenfee' wissen.
Mama muss vorlesen.
Die Handlung klingt schön:

Das Ballett spielt im Laden
eines Puppenmachers.
In der Nacht werden dort alle
Puppen lebendig und tanzen.

Lina und Emmi überlegen:
Welche Rolle werden sie
wohl bekommen?
Harlekin-Püppchen? Zauberfee?

In der nächsten Ballettstunde

hängt der Besetzungsplan aus.

Alle stürzen sich darauf.

Auch Lina reckt den Hals.

„Wir sind Mäuse!", ruft sie.

„MÄUSE?", wiederholt Emmi.

Lina nickt enttäuscht.

Aus der Traum vom zarten Tutu!

„Die Mäuse treten oft auf
und tragen tolle **Kostüme**",
tröstet eine ältere Schülerin.
Trotzdem …

Linas großer Auftritt

Dann beginnen die Proben.

Lina kann sich kaum sattsehen:

Wie wunderschön

die älteren Mädchen tanzen!

Auch Lina und Emmi
üben fleißig.
Als Mäuse huschen und trippeln
sie durch den Puppenladen.

Langsam wächst die Aufregung.

Aber Nicola lobt ihre Gruppe:

„Das wird eine tolle Aufführung!

Ich bin sehr stolz auf euch!"

Dann kommt die Kostümprobe.
Die Mäuse tragen graue Mützen
mit kleinen rosa Öhrchen.
Und einen Mäuseschwanz.

„Süß, oder?", fragt Nicola.

Lina nickt und schluckt.

„Aber kein Tutu", flüstert sie.

Die Ballettlehrerin überlegt.

Da flüstert sie Lina etwas zu.

Linas Augen werden groß.

„Geht das denn?", fragt sie.

„Na klar!" Nicola lächelt.

Dann ist der große Tag da.

Lina linst durch den Vorhang.

Da sitzen Mama und Papa.

Uiiih, ist das aufregend!

„Es geht los!", flüstert Nicola.

Die Tänzerinnen stellen sich auf.

Dann setzt die Musik ein.

Und der Vorhang öffnet sich …

Auf der Bühne erwachen
die Puppen zum Leben.
Sie tanzen und springen.
Die Puppenfee ist ihre Königin.

Lina und Emmi wirbeln frech
zwischen ihnen hin und her.
Das Publikum hat großen Spaß.
Viel zu schnell ist es vorbei!

Jubelnder Applaus brandet auf.

Nacheinander tanzen die

Mädchen nun auf die Bühne.

Alle verbeugen sich strahlend.

Da sind auch Emmi und Lina!
Aber – nanu! – statt der
grauen Mäuseschwänzchen
tragen sie jetzt ein Tutu, juhu!

1. **Was sagt Nicola in der ersten Ballettstunde? Kreuze an.**

Stellt euch vor, ihr tragt …

☐ einen alten Hut.

☐ eine wackelige Krone.

☐ eine warme Mütze.

Antwort: Stellt euch vor, ihr tragt eine wackelige Krone.

2. **Wie viele der fünf Grundpositionen lernt Lina in der Ballettstunde? Rechne aus und kreuze die richtige Antwort an.**

☐ 10-2=

☐ 10-4=

☐ 10-6=

Antwort: 10-6=4 Grundpositionen

3. **Verkehrt herum! Was ist die große Überraschung? Kreuze an.**

☐ Neznatrov

☐ Esierznat

☐ Gnurhüffua

Antwort: Aufführung

4. **Welche Rolle spielen Lina und Emmi? Kreuze an.**

☐ Zauberfeen

☐ Mäuse

☐ Harlekin-Püppchen

Antwort: Mäuse

5. **Was tragen die Mädchen am Ende statt der grauen Schwänzchen? Kreise das Wort in der Buchstabenschlange ein.**

T A T A T E T E T U T U T O T O

Antwort: Tutu

Schläppchen (Seite 9):

Ballettschläppchen sind sehr dünn, damit man den Boden gut spürt und den Fuß strecken kann. Um auf Spitzen zu tanzen, braucht man andere Schuhe: die Spitzenschuhe. Die sollte man aber erst ausprobieren, wenn man viel geübt hat und die Füße stark genug sind.

Dehnen (Seite 13):

Vor dem Training ist es wichtig, sich aufzuwärmen und zu dehnen, also die Arme und Beine zu strecken. So werden sie beweglicher, und man ist gut auf das Tanzen vorbereitet.

Grundpositionen (Seite 16):

Die fünf Grundpositionen sind die Grundlage für alle Bewegungen im Ballett. Mit ihnen beginnen und enden alle Schrittfolgen. Wenn man sie beherrscht, kann man also schon ganz schön viel!

Ballerina (Seite 17):

Eine richtige Ballerina zu werden, ist gar nicht so leicht. Die meisten Profitänzerinnen hatten schon als Kind Ballettunterricht. Sie müssen jeden Tag mehrere Stunden trainieren. Das ist sehr anstrengend – aber für die Aufführungen lohnt es sich!

Kostüme (Seite 27):

Das Tutu ist das bekannteste Ballett-kostüm. Es ist ein kurzer, abstehender Tüllrock. Bei manchen Stücken tragen die Tänzerinnen aber auch längere Röcke.

Blättere schnell um und trage die blauen Buchstaben in der richtigen Reihenfolge in die Kästchen ein!

Katja Reider war Pressesprecherin des Wettbewerbs Jugend forscht, bevor sie zu schreiben begann. Inzwischen hat sie mehr als hundert Kinder- und Jugendbücher veröffentlicht, die in viele Sprachen übersetzt wurden. Weitere Infos unter *www.KatjaReider.de*.

Florentine Prechtel wurde 1965 in Mönchengladbach geboren und malte schon als Kind für ihr Leben gern. Deshalb studierte sie später auch Malerei und Grafik-Design. Seit 1996 illustriert sie Kinderbücher und lebt heute mit ihrer Familie in Freiburg.

Das Leselöwen-Lösungswort

Besuche den Leselöwen auf
www.leseloewen.de und trage
die farbigen Buchstaben
von den Seiten *Schon gewusst?*
in der richtigen Reihenfolge
in die magische Box ein.

Wenn du das Lösungswort
gefunden hast, kommst du auf
die geheime Seite mit vielen
weiteren Spielen und Rätseln!

Der **Leselöwe** freut sich auf dich!

Jetzt
online!